Konrad Sittig

Wunderwelten gegenüber

Konrad Sittig

Wunderwelten gegenüber

Bibliografische Information der Deutschen Nationalbibliothek Die Deutsche Nationalbibliothek verzeichnet diese Publikation in der Deutschen Nationalbibliografie; detaillierte bibliografische Daten sind im Internet über http//dnb.d-nb.de abrufbar.

ISBN 978-3-7504-8324-8

1. Auflage 2019

Herstellung und Verlag: BoD - Books on Demand, Norderstedt

Wunderwelten gegenüber

Überall ein Gegenüber,
so gestaltet ist die Welt,
sei es unten oder drüber,
Raum alles zusammen hält.

Wunderwelten reich zugegen,
seien sie auch oft recht klein,
Größe düngt sich überlegen,
Wunder dürfen anders sein.

Vielfalt schenkt die Mutter Erde,
anzuschauen überall,
sichtbar blinken ihre Werte,
bringt sie Blindheit nicht zu Fall.

Augen wachsam offen halten,
dass auch zierliches beglückt,
Bilder werden sich entfalten,
die wohl jedes Herz entzückt.

Meinen Freunden gewidmet

Danksagung

Seit nunmehr acht Jahren singe ich
im Gemischten Chor Egeln mit.
Eckart Zeidler, der über fünfzig
Jahre Chorleiter war, hat einige
meiner Gedichte vertont und eine
kleine Auswahl davon mit dem
Chor einstudiert und aufgeführt.
Das hat mich motiviert,
Dank dem Chor und dem
Komponisten.

Auf treue Freunde kann man sich
verlassen, ich danke ihnen für ihre
aufgebrachten Mühen.
Meine liebe Frau spürt Fehler,
Schwachstellen und Unklarheiten

auf, wenn sie Korrektur liest und trägt damit zum Gelingen meiner kleinen Bücher bei.

Alte gute Freunde machen nicht viel Worte, sie kritisieren, wenn es nötig ist, wir sind gut aufeinander eingespielt.

Dazu zählen:

Professor Dr. Herbert Schmiedel,

Dr. Brigitte Wegener,

meine Tochter Ulrike und ihr lieber Mann, Dr. Harald Zagar.

Ihnen allen mein herzliches Dankeschön!

Gotland Westküste

Steingestalten

Schaut her, hier sind Gestalten festgehalten,
wer sie erblickt fragt sich um ihren Sinn,
ihr Gründer scheint den Auftritt zu verwalten,
sie knien betend flehend vor ihm hin.

Das Meer mag sie für sich so gern behalten,
was kantig war, das glättete der Wind,
die Zeit wird sie noch weiter umgestalten,
weil sie zwar formbar einzigartig sind.

Sie werden uns an Alter überleben,
kein Blut, das warm durch ihre Adern rinnt,
sie bleiben hier, mag selbst die See wild beben,
bis sich ein Gott erneut auf sie besinnt.

Mittelschweden

Stimmungsstunden

Eile duldet kein Verweilen,
Stimmungsstunden liegen fern,
Sinne lassen sich nicht teilen,
Abendstimmung mag ich gern.

Konnte vieles nicht erschauen,
weil die Hast oft weiter treibt,
schenke Orten mein Vertrauen,
wo die Ruhe Verse schreibt.

Lang im Augenblick verweile,
Stille hält die Zeiger an,
raste nur nicht, weitereile,
wer darin verweilen kann.

Himmelsleiter

Wo mag diese Leiter enden,
die zum Himmel steil aufsteigt,
wohin sich die Blicke wenden,
Licht sich schon dem Abend neigt.

Grau herrscht über Tages Töne,
Kühle folgt auf jedem Tritt,
dass sich Nacht dem Tag versöhne,
nimmt sie Umschau einfach mit.

Festgefügt steht ein Geländer,
nur aus Holz und Seil erbaut,
spätes Jahr zeigt der Kalender,
wenn man diesem Bilde traut.

Eng geschmiegt an Felsenwände,
endet sie im Nirgendwo,
ob sich dort ihr Ende fände,
der Gedanke macht nicht froh.

Teufelsmauer

Sie trotzt dem Ansturm wilder Ewigkeiten,
aus hartem Felsgestein scheint sie geschnitzt,
hoch steht sie über flacher Täler Weiten,
der Teufel lächelt, schmunzelt recht gewitzt.

Mag sein, wohl ist er wirklich ihr Erbauer,
war einstmals jung und ohne Rückenschmerz,
gealtert liegt er hier jetzt auf der Lauer,
mit Wanderleuten treibt er manchen Scherz.

Nun ist der Teufel gar kein Spielverderber,
geboten lenkte Schönheit seinen Sinn,
es scheint, er ist so mancher Preiserwerber,
wer's fassen kann, mit dem teilt er Gewinn.

Hamburger Wappen bei Timmenrode

Teufelsmauer Weddersleben

Zurückgelassen

Einfach hier zurückgelassen,
wo es rings nur Steine gibt,
dieser Hund kann es nicht fassen,
hat sein Herr ihn nicht geliebt?

Treue war dem Tiere heilig,
selbst zu leiden auch bereit,
Menschen flatterhaft und eilig,
stehen mit sich selbst im Streit.

Lange hat der Freund gewartet,
bis er dann zu Stein gefror,
hatte Treue auch erwartet,
die sein Mensch wohl längst verlor.

Tagesabschied

Nacht wird die Szene völlig umgestalten,
am Horizont versinkt der Sonne Schein,
es wird sich nicht die sanfte Stille halten,
vom Land her wehen frische Winde ein.

Auch wird es eine neue Dünung geben,
und Wellen ziehen weg vom breiten Strand,
in Dunkelheit das Wasser nah erleben,
entrückt Gedanken in ein fernes Land.

Dort muss nicht unbedingt die Sonne weilen,
wer weiß wo sie zu dieser Stunde steht,
Freiheit lässt sich mit allen Winden teilen,
vergessen, dass die Zeit zu schnell vergeht.

Mittelschweden

Foto: Conni Gassel

Abendwelt

Rot beherrscht die Abendwelt,
lädt nun zur Ruhe ein,
Himmel spannt ein buntes Zelt,
bald wird nur Stille sein.

Wind trägt Wellen an den Strand,
benetzt wird Sand und Stein,
sichtbar kaum des Ufers Rand,
hier weilt man ganz allein.

Letztes Sonnenlicht noch scheint,
das Wasser nimmt es auf,
Grund, dass keine Wolke weint,
still geht des Tages Lauf.

Alles wird bald schlafen geh' n,
drum streben wir nach Haus,
morgen früh ein Wiedersehn,
jetzt löschen Lichter aus.

Betrachtungsweisen

An Bildern reich ist manches Menschenleben,
Erinnerungen tauchen plötzlich auf,
lässt Zufall sie allein zum Lichte streben,
geheimnisreich ist allemal ihr Lauf.

Wer will schon gerne ihr Geheimnis wissen,
oft wurde es recht heilsam auch verdrängt,
ein Lachen lässt den alten Schmerz vermissen,
wir fühlen uns so nicht mehr eingeengt.

Erinnerungen bleiben nicht verloren,
sie lassen immer einen Spuk zurück,
Vergesslichkeit hat sie nur eingefroren,
nicht immer bringen sie das große Glück.

Den Anstoß hat ein Augenblick gegeben,
es kann ein Klang, auch eine Stimme sein,
vermisste Bilder schauen neues Leben,
der Blick zurück ist bildhaft klar, oft fein.

Gotland

Die Löwin

Zu Felsgestein ist sie schon längst
geworden,
Verwitterung zerklüftet ihr Gesicht,
sie wacht an himmelsfernen Pforten
und wartet, dass die Zeit an ihr
zerbricht.
Doch diese gönnt der Löwin keine
Ruhe,
es scheint, dass sie hier irgendwas
bewacht,
Vielleicht ist es vom Teufel eine
Truhe,
ihr Blick dringt müde in die nahe
Nacht.

Raukenfeld Südgotland

Mittelschweden

Morgenstille

Alle Sinne dürfen baden,
Morgenstille macht sie frei,
Zeit verweilt, um nicht zu schaden,
Glücksgefühl erhaben sei.

Taubedecktes Grün der Wiesen,
viele Tropfen hält ein Blatt,
räkelt sich und darf genießen,
Stille macht die Seele satt.

Ruhe die wir manchmal brauchen,
Morgentaues kühler Duft,
in die Andacht tief eintauchen,
würzig riecht die frische Luft.

Frohe Menschen, die hier leben,
eingegliedert der Natur,
müssen nicht nach Fülle streben,
naschen Lebensfreude pur.

Mondandacht

Die Erde ist mit Schweigen sanft umhangen,
und Sehnsuchtsträume wachen darin auf,
die Nacht beginnt, der Mond ist aufgegangen,
und viele Sterne folgen seinem Lauf,

Schon fast zur vollen Schönheit aufgestiegen,
verrät er wo die Sonne sich versteckt,
wir dürfen stiller Andacht unterliegen,
er hat uns dazu einfach aufgeweckt.

Er wird getrost die stille Nacht umsorgen,
das Land schläft friedlich unter seinem Schein,
was schert uns da der Tag, der nächste Morgen,
wir dürfen alle einmal glücklich sein.

Das Tal genießt des Mondes sanfte Stille,
es hüllt sich in vertraute Welten ein,
es ist kein Zufall, sondern Gottes Wille,
wir dürfen seiner Schöpfung nahe sein.

Quicklebendig

Mal entsprungen aus der Quelle,
will das Wasser sofort fließen,
nicht verharren auf der Stelle,
gleich zum Bächlein sich ergießen.

Sprudelnd munter und in Eile,
fließt zum Tale hin der Bach,
rastet keine kurze Weile,
Steine wäscht er rund und flach.

Hindernisse schnell bezwungen,
stürzt er über steilen Hang,
ein Wanderlied dabei gesungen,
folgt er seinem wilden Drang.

Unmut könnte sich nicht regen.
alles liefe von allein,
niemals lange Weile hegen,
wir sollten wie das Wasser sein.

Kinderaugen

Schaut die Welt mit Kinderaugen,
fern entrückt der Horizont,
meidet Brillen, die nichts taugen,
weilt in Eingebung gesonnt.

Kinder dürfen Dinge schauen,
die für uns verschleiert sind,
sich Paläste selbst erbauen,
sie sind nicht erfahrungsblind.

Kinder schenken uns Vertrauen,
ihre Liebe ist kein Dunst,
fest auf Gegenliebe bauen,
nie verspielet ihre Gunst.

Kinderträume nicht zerstören,
ihre Welten sind noch rein,
lässt man sich davon betören,
wird man selbst bald anders sein.

Glitzertau

Glitzertau am frühen Morgen,
Nebelbänke in der Flur,
Sonne hält sich lang verborgen,
Wolken ziehen grau die Spur.

Fühlsam ist es kühl geworden,
Nächte wachsen Stück um Stück,
Winde wehen oft aus Norden,
Tageslänge weicht zurück.

Schwalben sind schon abgeflogen,
Regen bindet Sommers Staub,
Herbst hat sich bunt angezogen,
bald fällt von den Bäumen Laub.

Lange Schatten lassen messen,
Sonne hält die Bahn geneigt,
heiße Tage sind vergessen,
so der Herbst sich milde zeigt.

Sturmmomente

Sturmes Kraft tobt ungebrochen,
räumt was ihr im Wege steht,
Böen gegen Fenster pochen,
was nicht fest ist wird verweht.
Ziegel werden losgerissen,
abgedeckt manch altes Dach,
Ruhepausen wir vermissen,
Sturm beherrscht sein wildes Fach.

Äste brechen, Blätter fliegen,
Aufruhr wütet in der Luft,
zwingt, dass sich selbst Eichen biegen,
Stille hütet nur die Gruft.
Hagel wird schräg mitgenommen,
ehe er zu Boden fällt,
ist er dort erst angekommen,
schafft er eine kalte Welt.

Klagetöne sind zu hören,
wenn sich Wind an Kanten bricht,
Felsenriffe kann' s nicht stören,
sie empfangen erstes Licht.
Wolken hat der Wind vertrieben,
seine Nachhut räumt noch auf,
manches ist nicht heil geblieben,
Sonnenschein folgt bald darauf.

Wirbelgeister

Was lose liegt, wird in die Luft getragen,
im Kreise wirbelt Schmutz und Staub empor,
die Wirbelgeister haben jetzt das Sagen,
verstummt ist längst der Vögel Sängerchor.

Seht wie die Tannen krümmend sich verbiegen,
die Zweige führen einen wilden Tanz,
sie können sich zu keinem Takte wiegen
und doch zeigt dieser Auftritt Eleganz.

So recht hat sich der Sturm noch nicht erhoben,
doch Böen künden seine Nähe an,
bald werden wilde Kräfte friedlos toben,
gesucht ein Hort der Zuflucht bieten kann.

Die Mühle

Spürbar wehen zwar die Winde,
doch die Flügel stehen still,
gar nichts drehet sich geschwinde,
weil es wohl der Müller will.

Ach der ist längst fortgezogen,
hat sie nicht in Stand gesetzt,
Lüfte sind ihr stets gewogen,
sanfter Hauch die Mauern wetzt.

Treu, der Mühlstein ist geblieben,
wurde längst schon ausgebaut,
ist als Denkmal hier geblieben,
weil er keinem Stillstand traut.

Die Zeit

Was ist die Zeit, wie ist sie zu erklären,
sie nimmt uns mit, wir finden keine Ruh,
so zornig wir uns auch dagegen wehren,
narrt sie uns nett und lächelt gar dazu.

Das Pendel schwingt, es steht die Uhr nicht stille,
die Zeiger finden einen Folgekreis,
erzwungen nicht und auch kein Eigenwille,
die Furcht davor macht Mancher Sinne heiß.

Zum Zeitgeist müssen wir uns nicht bekennen,
obwohl es diesen wohl tatsächlich gibt,
Unfug lässt sich gewiss beim Namen nennen,
wir bleiben besser in uns selbst verliebt.

Gamlahamn Gotland

Farbmomente

Golden schenkt der Herbst die Fülle,
sie zu schauen wird belohnt,
himmlisch scheint des Waldes Stille,
wenn das Licht dazwischen wohnt.

Angeregt sind die Gefühle,
zeigt sich uns ein solcher Ort,
Wind verwehte Sommers Schwüle,
Vögel flogen mit ihr fort.

Unsre Sinne sind empfänglich,
für ein Sonnenfarbenkleid,
doch Momente sind vergänglich,
weilen nur für kurze Zeit.

Nur geborgt ist die Idylle,
die der schöne Herbsttag zeigt,
fallen wird die Blätterhülle,
eh der Wald im Winter schweigt.

Hahnenkleeklippen Harz

Weiche Farbenhülle

Geheimnisvoll in weiche Farbenhülle,
hat sich der Wald ins Sonnenlicht gesetzt,
hier spricht Natur und keiner Laune Wille,
in stiller Andacht wird hier nichts verletzt.

Ein blasser Dunst will keinem Lichte weichen,
wer ahnt denn schon, was er verborgen hält,
man suche Szenen, die dem Bilde gleichen,
doch dieses hier ist nicht aus ferner Welt.

Gewiss hier werden auch bald Blätter fallen,
denn jeder Friede kann nicht ewig sein,
ein Klageruf wird nicht durch Wälder hallen,
verwandelt wird ganz einfach alles sein.

Erinnerungen werden lange bleiben,
denn Harmonie prägt sich recht gründlich ein,
der Winter wird das Gästebuch beschreiben,
das Bild wird deshalb niemals einsam sein.

Waldesgold

Es geht ein Weg im Waldesgold verloren,
nur Bäume mögen schweigend bei ihm sein,
bewusst scheint dieser Ort dazu erkoren,
er lässt Gedanken mit sich ganz allein.

Sie alle dürfen frei zum Lichte streben,
das Bild weist die Betrachter darauf hin,
denn da, wo Blätter mischend sich verweben,
verwirklicht sich der Sehnsucht freier Sinn.

Einzig dem lauten Tosen froh entfliehen,
findet die Stille unentdeckten Raum,
kein Horizont wird hier die Grenzen ziehen,
verweilen wir verbunden diesem Traum.

Horizonte

Horizonte engen Leben,
ständig stehen wir davor,
Freiheit ließe sich erleben,
öffnet sich ihr weites Tor.

Stürmet hinderliche Weiten,
überwindet jedes Schild,
ungeduldig vorwärts schreiten,
nur in Pausen ruht das Bild.

Meidet dringlich das Banale,
aller Mut nicht endlos reicht,
keinem Orte ein Finale,
weil das Ende fern entweicht.

Spüre Glück auch in der Nähe,
taste nahes Umfeld ab,
finde es und eifrig spähe,
alle Zeit wird einmal knapp.

Pendelschläge

Ist das Uhrwerk aufgezogen,
schläfern Pendelschläge ein,
Stunden gehen ungewogen,
Müdigkeit lässt einsam sein.

Die Gewichte streben tiefer,
Boden bleibt noch unberührt,
Horizonte scheinen schiefer,
wenn die Trauer dahin führt.

Endlich hört es auf zu schlagen,
kraftlos halten Zeiger an,
offen bleiben bange Fragen,
die man nicht bedienen kann.

Wasser

Wasser gibt sich nie verloren,
immer wird es Sieger sein,
für die Freiheit wild geboren,
mischt es allerorts sich ein.
Wasser duldet keine Ketten,
es befreit sich überall
und fundiert sich seine Betten,
stürzt selbst über steilen Fall.

Wasser schafft sein ganzes Leben,
findet einfach keine Rast,
allzeit muss es eilend streben,
quicklebendig ohne Hast.
Wasser Wiege allen Lebens,
ohne dich bleibt alles tot,
Hilfe suchten wir vergebens,
du bist Retter in der Not.

Bleibt ein Flusslauf eingekesselt,
bildet sofort sich ein See,
bis er kraftvoll sich entfesselt,
das Gefängnis tut ihm weh.
Wasser fest zu Eis gefroren,
schneidet ins Gebirge ein,
es besiedelt feinste Poren,
findet enge Spalten fein.

Wasser lässt vom Wind sich treiben,
kommt in Wellen flink daher,
niemals will es ruhsam bleiben,
nicht verweilen still im Meer.
Lasst uns so wie Wasser werden,
ungebunden frei und rein,
Leben spendet es auf Erden,
alle sollten wir so sein.

Harmonie

Sich an Harmonie erfreuen,
Steine ruhen sich hier aus,
hier zu weilen wird nicht reuen,
Träume bauen dir ein Haus.

Hörst du Stimmen froh erklingen,
nimm sie fest umarmend auf,
da wo Vögel eifernd singen,
weitet sich der Sinne Lauf.

Gönne dir hier eine Pause,
wunderschön der Augenblick,
die Natur sei dein Zuhause,
kehre oft dahin zurück.

Alles hat der Herbst gemacht

Nebel windet sich um Blätter,
alles hat der Herbst gemacht,
lockt im Süden warmes Wetter,
hat man sich davon gemacht.

Vögel ziehen jährlich wieder,
halten nichts von falscher Pracht,
kehren erst im Frühling wieder,
ist gebrochen Winters Macht.

Herbst bringt nur recht wenig Tage,
die man froh genießen kann,
seine Schönheit auf der Waage,
bricht nicht des Vergehens Bann.

Doch wir nehmen es gelassen,
alle Regeln sind bekannt,
Ruhe lässt sich greifbar fassen,
raue Zeiten sieht das Land.

Sommerzeit

Sommerzeit ist uns genommen,
Uhren wurden umgestellt,
kalte Wochen werden kommen,
Dunkelheit beherrscht die Welt.

Alle Sinne sind gerichtet,
auf die nahe Winterzeit,
haben Nebel sich verdichtet,
folgt auch wieder Heiterkeit.

Der Advent beschert bald Lieder,
geht es auf die Weihnacht zu,
träumend hören wir sie wieder,
wir empfangen Friedensruh.

Wie in fernen Kindertagen,
fühlen wir Geborgenheit,
schweigen werden alle Klagen,
wenn's zum Heiligabend schneit.

Wind und Wellen

Ein Traum ließ Wind und Wellen frei gestalten,
sie konnten abgestimmte Schöpfer sein,
sie wollten sich Erinnerung behalten
und gruben sie in einen Felsblock ein.

Was Brandung Sturm und Wellen überwanden,
verweist wie stimmig ihre Sprache ist,
sie haben sich ergänzend gut verstanden
und brauchten keine Zauber oder List.

Die Blume haben sie aus Stein gestaltet,
am Strand wo selten nicht die Sonne scheint,
die nahe See hat sie getreu verwaltet,
hier welkt sie nicht und niemand sie beweint.

Gotland Süd-West-Strand

Schaue um dich

Schaue um dich und nicht haste,
voller Schönheit ist die Welt,
wenn ein Kummer dich belaste,
bau dir selbst ein Himmelszelt.

Darin wohne, still verweile,
bis dir deine Sonne scheint,
so entfliehe Hast und Eile,
sei mit Zuversicht vereint.

Lass dir neue Hoffnung geben,
dazu steht sie stets bereit,
sie verlängert alles Leben,
zaubert wieder Heiterkeit.

Alle Sinne darin einen,
Trauer bleibe ausgesetzt,
Frohsinn lasse von den Leinen,
sei nicht weiter nur verletzt.

Foto: Ulrike Sittig

Abschiedsrot

Tages Hitze ist vergangen,
Kühle breitet sich im Land,
wenn noch eben Vögel sangen,
reicht nun Stille ihre Hand.

Seen fern vom Horizonte,
laden weit zu Ufern ein,
letzter Glanz der sich noch sonnte,
taucht in dunkle Fluten ein.

Abschiedsrot im Feuerbade,
auf zum Himmel strahlt die Pracht,
Wolkendunst umwebt Gestade,
Grüße bringt die nahe Nacht.

Westküste Gotland

Mittagspause

Am Futterplatze eben noch Gedränge,
zur Mittagszeit wird es ganz plötzlich still,
die Pause fordert angemessen Länge,
weil jedes Vöglein satt kurz schlafen will.

Knapp eine Stunde ist bislang vergangen,
da wird ein erstes Stimmlein wieder wach,
es ruft Gefolgschaft zu sich mit Verlangen,
zum Singen unter grünem Blätterdach.

Gesungen wird nun bis zur Abendstunde,
bis dann ganz leise jedes Lied verklingt,
der Mond steigt auf, für alle klare Kunde,
dass bald die nahe Nacht hernieder sinkt.

Der Nachtigall will das noch nicht genügen,
die Bühne weit von Mitbewerbern frei,
sie singt sich ein mit wachsendem Vergnügen,
die Sternenstille ist allein dabei.

Foto: Ulrike Sittig

Silberfluten

Silberflut gleißt auf den Wellen,
eingehüllt von dunklem Saum,
Wünsche lassen sich bestellen,
sie erfüllt erwünscht ein Traum.

In die Spiegelwelten tauchen,
schwerelos erscheint das Sein,
Glücksmomente, die wir brauchen,
uns von Lasten zu befrei' n.

Wolken weben um die Sonne,
decken sorgsam sie nicht zu,
Spiegeltanz erfüllter Wonne,
findet so zu keiner Ruh.

Keine Eile soll aufkommen,
zu schön ist der Augenblick,
alles findet sich benommen,
Lichtgedanken welch ein Glück.

Teufelsmauer Weddersleben

Der Alte

Der Alte steht verzweifelt nah den Klippen,
er hat sich aller Hoffnung abgewandt,
er droht ins tiefe Tal hinab zu kippen
und fußt bereits auf schroffem Felsenrand.

Ihm folgt ein Kind, den Vater zu erretten,
sieht krank, verzagt und selber leidend aus,
Verzweiflung hält die beiden wohl in Ketten,
der Himmel offen scheint ihr letztes Haus.

Es bleibt zu wünschen, dass es beide schaffen,
den Weg zurück ins feste Hinterland,
entfernt wo tiefe Gründe klaffen,
der Glaube unterliegt nicht dem Verstand.

Frühlingsgrün

Mit dem Frühling lässt sich fliegen,

frischer Frohsinn wird befreit,

Ängste lassen sich besiegen,

ist das Herz dazu bereit.

Frühlingsgrün ersetzt die Farben,

sanfte Einfalt weckt den Sinn,

helle Freude muss nicht darben,

schauen wir begeistert hin.

Blumenglöckchen

Man kann die zarten Glöckchen läuten hören,
ihr Klang ist wie Kristall zerbrechlich fein,
da können Regentröpfchen gar nicht stören,
die Tonart schwebt im Licht und Sonnenschein.

Die Wasserperlen sind so sehr begeistert,
sie hören diesen Zauberklängen zu,
der Auftritt wird in blauer Tracht gemeistert,
zum Abend findet sich verdiente Ruh.

Das Nass auf zarten Kelchen ist verschwunden,
der Mond hüllt sie in silbersanften Schein,
sie wissen sich der Zauberwelt verbunden
und werden morgen wieder himmlisch sein.

Hoch entflohen

In die Berge hoch entflohen,
Winter dort als Dauergast,
kraftlos will er uns noch drohen,
doch wir nehmen es gefasst.

Neues Leben sei willkommen,
Kuss dem lieben Sonnenschein,
freudig wieder aufgenommen,
Frühjahr zieht als Schöpfer ein.

Warme Luft lässt Fröste schweigen,
Licht in froher Heiterkeit,
bunt wird sich der Krokus zeigen,
Wasser ist vom Eis befreit.

Kühl sind noch die frischen Winde,
gegen Abend wird es kalt,
Knospen warten als Gebinde,
öffnen einen kleinen Spalt.

Lassen wir den Lenz so walten,
zieht er in die Herzen ein,
Glück und Frohsinn zu gestalten,
ewig sollte Frühling sein.

Blütenzauber
tausendfach

Die Forsythie schwelgt in Wonne,
alle Blüten sind erwacht,
aufgeweckt hat sie die Sonne,
aus dem Schlaf der Winternacht.
Kunstvoll jede kleine Dolde,
gelber Zauber tausendfach,
weil der Frühling es so wollte,
droht ihr nimmer Weh und Ach.

Könnten diese Sträucher singen,
prachtvoll wie ein Jubelchor,
müssten in uns Saiten klingen,
liebevoll wie nie zuvor.
An die Liebste muss ich denken,
schau ich Wunder der Natur,
die Gedanken zu ihr lenken,
pulst mein Herz erregt in Dur.

Blütenträume

Für Bewunderer erfunden,
wölbt sich atmend Frühlingswelt,
Wintersnöte überwunden,
spannen Blumen jetzt ihr Zelt,

Duft entfaltet rosa Welten,
Pfirsichblüten Zaubertraum,
Liebesmacht darf allen gelten,
für die Sonne bleibt noch Raum.

Mandelsträucher locken Bienen,
weil dort süßer Nektar fließt,
an den Quellen sich bedienen,
wo der Reichtum sich ergießt.

Flink ein Zweiglein für die Liebe,
würde schnell gebrochen sein,
doch der Schmerz der darauf bliebe,
ließe uns nicht mehr allein.

Farbenträume

Nicht mehr nur vereinzelt Bäume,

viele träumen bunte Pracht,

herbstlich zeigen sich die Räume,

Sonnentage lächeln sacht.

Jetzt nur gar nicht daran denken,

dass es ein Erwachen gibt,

Musen rote Blätter schenken,

diese Farbe macht verliebt.

Lass uns den Moment genießen,

binde mit mir Zeitenfluss,

Ströme müssen weiter fließen,

Liebe fordert einen Kuss.

Wasserräder

Jeder Sinn erscheint vergessen,

Wasserräder stehen still,

keinen Grund die Zeit zu messen,

weil ihr Stillstand es so will.

Wasser hat sie angetrieben,

ausgetrocknet ist der Bach,

Monumente sind geblieben,

freigestellt und ohne Dach.

Sie erzählen noch Geschichten,

die der Felswall rings durchschaut,

Lieder ließen sich erdichten,

alten Zeiten wohl vertraut.

Zeitgedanken

Stets begleitet nur von Eile,
findet sich nicht kurze Rast,
halte inne und verweile,
weise von dir Stress und Hast.

Ruhe in der Abendstunde,
gehe einmal um dein Haus,
mit dem Mond in stillem Bunde,
führe die Gedanken aus.

Auch die Seele mag entspannen,
sie herrscht über deine Kraft,
wenn wir Ruhe nicht verbannen,
wird die Arbeit leicht geschafft.

Dazu finde gute Laune,
Fröhlichkeit das Sein bestimmt,
blas von Herzen die Posaune,
die schnell alle Sorgen nimmt.

Nüsse werden wieder reif

Mittsommer ist längst Geschichte,
Nüsse werden wieder reif,
Maigrün ziert nicht mehr die Fichte,
pralle Ähren wuchsen steif.

Dahlien blühen schon im Garten,
Äpfel werden schüchtern rot,
Herbst wird nicht mehr lange warten,
Erntehoffnung ohne Not.

Duftend Heu ward früh geborgen,
Wiesen sauber abgemäht,
Bauern plagen keine Sorgen,
satte Ernte wird erspäht.

Dankbar dürfen wir empfangen,
was der Fleiß geschaffen hat,
können wir noch mehr verlangen?-
Mensch und Vieh wird wieder satt!

Traumrausch

Hier lässt sich an alles denken,
Sinfonie der Sinnlichkeit,
Sinne weg vom Alltag lenken,
Träume sind dazu bereit.

Halme sind nicht frühlingstrunken,
nein der Herbst zeigt ihre Welt,
wie in Traumes Hauch versunken,
sind sie in das Licht gestellt.

Keine Dunst und Nebelspiele,
Unklarheit ist scharf gewollt,
ahnen lässt sich Abendkühle,
später Zeit im Jahr gezollt.

Keine Rosen

Kein Rosen oder Veilchenduft,
ganz anders die Zitronen,
sie würzen aufdringlich die Luft,
das werden Bienen lohnen.

Nicht gespart an Blütenfülle,
sprossen dicht gedrängt hervor,
unscheinbare Blätterhülle,
quillt zum Sonnenlicht empor.

Unaufhörlich ist ihr Streben,
bleibt der Sommer lange heiß,
anspruchslos ihr rastlos Leben,
unergründlich ist ihr Fleiß.

Zweige werden sich dann biegen,
Lasten trägt der Sonnentraum,
Früchte lassen sich bald wiegen,
reif im Klimawandeltraum.

Sommerhitze

Endlich der Juli gekommen,
Nächte wachsen wieder an,
Sommers Hitze macht benommen,
wer sie schlecht vertragen kann.

Kühler Wind wird wahr genommen,
noch wird Regen heiß ersehnt,
selbst Gewitter hoch willkommen,
Unwetter bleibt abgelehnt.

Malt der Herbst bald bunte Wälder,
ist das Jahr dann schnell vorbei,
alle um ein Quäntchen älter,
hofft ein jeder auf den Mai.

Sommernot

Fernab aller Schatten,
heiß auf Gehwegplatten,
lag ein kleines Vöglein tot.
Fand wohl nichts zu trinken,
Sinne mussten sinken,
so erlag es seiner Not.

Habe es begraben,
ohne Schmuck und Gaben,
ach es tat mir schrecklich leid.
Wo ein Tröpflein finden,
unter Straßenlinden,
Opfer heißer Sommerzeit.

Will sein Grab nicht pflegen,
still ist es gelegen,
liegt von meinem Haus nicht weit.
Werde es vergessen,
Trauer ist bemessen
auch der Tod und alles Leid.

An jedem Tag

Beende den Tag mit guten Gedanken,
mit Freunden, die verstehen können,
frei alle Wege ganz ohne Schranken,
lasse den Schlaf dir Ruhe gönnen.

Schließe die Augen, vergesse die Sorgen,
wecke sie danach nicht wieder auf,
atme tief durch, begrüße den Morgen,
nimm einen Regenschauer in Kauf.

Verspanne am Spiegel nicht dein Gesicht,
übe zu lächeln, präge es ein,
schaue zur Sonne, umarme das Licht,
der Tag wird ein gelungener sein.